# La Source de l'eau de la vie

D'après Wilhelm et Jacob Grimm (1785-1863)

Illustrations : Pascal Phan

**Direction de la publication**

Carine Girac-Marinier

**Édition**

Nadine Martrès

**Direction artistique**

Uli Meindl

**Conception graphique**

Sophie Rivoire

**Mise en page**

Tiphaine Desmoulière

**Lecture–correction**

Sophie Petitprêtre

**Fabrication**

Axelle Hosten



ISBN : 978-2-03-602647-6



Loi n° 49-956 du 16 juillet 1949 sur les publications destinées à la jeunesse, modifiée par la loi n° 2011-525 du 17 mai 2011.

# Sommaire

Les personnages de l'histoire ............ pages 4-5

Histoire* ............ pages 6-41

Lexique ............ pages 42-43

Questions de compréhension ............ pages 44-47

Réponses ............ page 48

*Les mots en orange dans l'histoire sont expliqués dans la partie **Lexique**.

# Les personnages de l'histoire

## Le roi

est un homme vieillissant
et malade qui a trois fils.
Il est bon, mais sans pitié.

## Les deux fils aînés

sont ambitieux et jaloux.
Ils n'aspirent qu'à hériter
du royaume de leur père.

## Le jeune prince

est gentil, respectueux
et courageux. Il aime son père
et est très attaché à ses frères.

## Le nain

est un homme doté de pouvoirs
magiques qui s'en sert pour faire
le bien ou pour punir
les individus égoïstes.

# Les personnages de l'histoire

## La princesse

a été victime d'un sort. Elle possède dans son royaume la source de l'eau de la vie.

## Le chasseur

est un homme dévoué à son roi, qui a de la tendresse pour le jeune prince.

### Pour t'aider à bien comprendre le début de l'histoire...

**COUP DE POUCE**

Les frères Grimm sont connus pour avoir, au XIX^e^ siècle, recueilli et écrit de multiples contes allemands pour enfants. De cette splendide moisson, nous avons retenu cette belle histoire, où le héros s'enfonce dans la forêt profonde et résiste à la perfidie de ses frères, puisque vaillance et loyauté font plus que mensonges et duperie.

Il était une fois un roi très malade. Ses trois fils craignaient tellement pour sa vie qu'ils allaient souvent au fond des jardins du palais pour pleurer.

Un jour, tandis qu'ils se désolaient, un vieillard s'approcha d'eux et leur demanda la cause de leurs larmes.

Hélas ! Rien ne soulage le mal de notre père, nous nous attendons à le voir mourir.

– Je connais un moyen de le guérir, dit le vieillard. S'il boit une seule goutte de l'eau de la source de la vie, il **recouvrera** la santé. Cependant, il n'est pas facile de trouver cette source.

– Je saurai bien la trouver, moi !

Tout en disant cela, le fils aîné pensait en réalité au fond de son cœur :

« Si j'apporte cette eau à mon père, je deviendrai son fils préféré et j'hériterai de son royaume. »

Après avoir **chevauché** quelque temps, le fils aîné rencontra sur le chemin un nain.

Ces paroles **irritèrent** le petit homme qui, dans sa colère, jeta un sort funeste au cavalier.

Le prince arriva alors devant l'entrée d'une **gorge**. Plus il s'avançait et plus les rochers se resserraient autour de lui et de son cheval. Le chemin finit par devenir si étroit qu'il lui fut impossible d'aller plus avant ou de faire demi-tour, si bien qu'il y resta coincé.

Le roi malade l'attendit **en vain** mais le prince aîné ne revint pas.

Or, le deuxième fils dit à son père :

Il pensait :

« Peu m’importe que mon frère soit mort ! J’hériterai du royaume. »

Le prince prit alors le même chemin que son frère aîné et ne tarda pas à rencontrer le même nain, qui lui cria :

– Cela ne te regarde pas, misérable **avorton**, répondit le jeune prince, qui poursuivit sa route sans se retourner.

Le nain, furieux, lui jeta le même sort qu'à son frère.

Et, comme ce dernier, le prince s'engagea bientôt dans une **gorge** de montagne, où il ne tarda pas à ne plus pouvoir ni avancer ni reculer.

Tel est le **châtiment** des **orgueilleux**.

Voyant que son frère ne revenait pas, le plus jeune des trois princes voulut lui aussi tenter l'aventure et partir à la recherche de la source de l'eau de la vie.
Lorsqu'il rencontra le nain, celui-ci lui adressa son éternelle question :

– Où vas-tu donc si vite ?

Mieux **avisé** que ses deux frères, le jeune prince lui répondit :

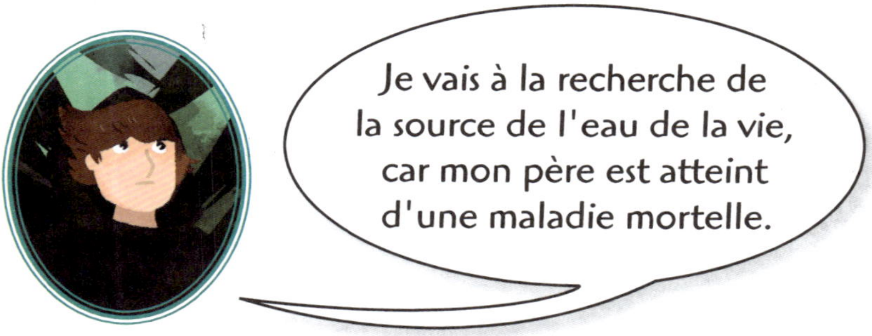

– Sais-tu où se trouve cette source ? demanda le nain.

– Je l'ignore, répondit le prince.

– Pour te récompenser de m'avoir parlé d'une manière convenable, je vais te le dire, répondit le nain.

– Pour t'aider à y parvenir, voici une baguette de fer et deux tranches de pain. Avec cette baguette, frappe trois coups à la porte du palais : elle roulera sur ses **gonds**.

Tu verras alors deux lions couchés sous la **voûte**. Jette-leur les deux tranches de pain et ils s'apaiseront.

Puis hâte-toi et aie bien soin de puiser l'eau de la vie à la source avant minuit : sinon, la porte se fermera et tu resteras emprisonné.

Le prince remercia le nain, prit la baguette et les deux tranches de pain, puis se dirigea vers le palais.

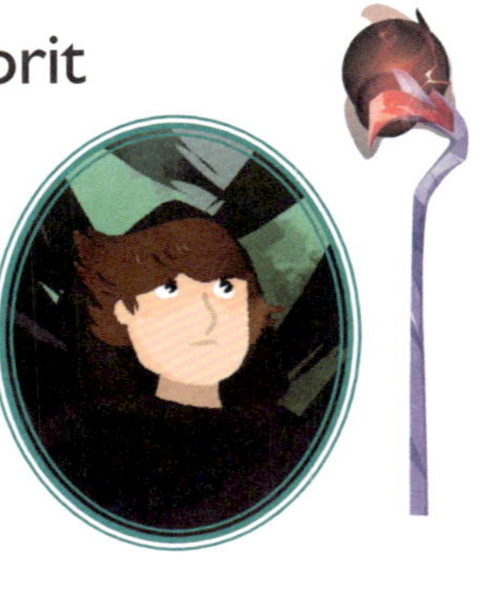

Tout se passa comme le nain l'avait prédit.

Au troisième coup de baguette, la porte s'ouvrit. Le prince s'empressa de calmer les lions avec les deux tranches de pain, entra dans le château, puis arriva dans une grande et belle salle où se trouvaient des princes endormis par l'effet d'un sortilège. Le jeune prince prit une épée et un pain qui étaient placés là. Il pénétra ensuite dans une chambre où se trouvait une belle jeune fille. Heureuse de le voir, la princesse lui donna un baiser et lui indiqua l'emplacement de la source de l'eau de la vie, en lui recommandant d'y puiser quelques gouttes avant que minuit sonnât.

Je te promets de te donner mon royaume, à condition que tu reviennes dans un an pour la célébration de notre mariage.

Comme le voyage l'avait fatigué, le prince voulut se reposer un moment dans une chambre du château. Il se mit au lit et s'endormit. Quand il se réveilla, onze heures trois quarts sonnaient à la pendule ! Il se leva précipitamment, courut jusqu'à la source, y puisa de l'eau qu'il versa dans un flacon et se hâta de sortir du château.

Au moment même où il franchissait la porte, minuit sonna et la porte se ferma avec tant de force qu'elle lui arracha un morceau de son talon.

Le jeune prince ne s'en inquiéta pas, puisqu'il avait avec lui un flacon rempli d'eau de la source de vie.

Sur le chemin du retour, il rencontra de nouveau le nain. Celui-ci n'eut pas plus tôt aperçu l'épée et le pain qu'il s'écria :

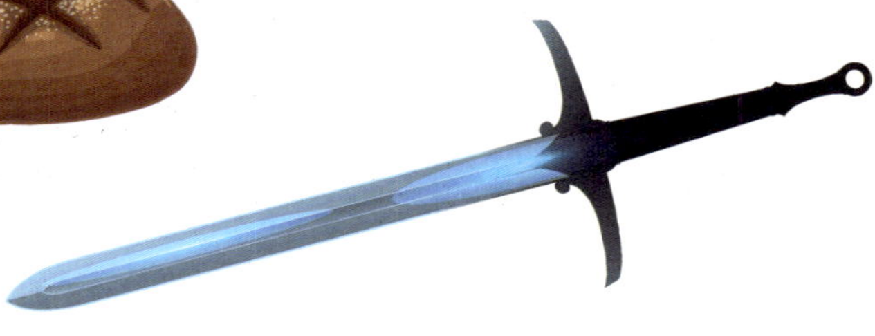

Ne voulant pas revenir au château sans ses frères, le jeune prince dit au petit homme :

Mon bon nain,
ne pourriez-vous pas m'indiquer
où sont mes deux frères ? Ils sont
partis avant moi pour chercher
la source, et ils ne sont
jamais revenus.

– Tes frères sont retenus entre deux montagnes, répondit le nain. Je leur ai jeté un sort pour avoir été **insolents** avec moi.

Le prince supplia tant le nain que celui-ci finit par lui accorder la grâce de ses deux frères.

Méfie-toi d'eux,
car ils ont
mauvais cœur.

Quand les trois frères se retrouvèrent, le jeune prince leur raconta comment il avait trouvé la source de l'eau de la vie, et comment il avait délivré une princesse qui, pour le remercier, lui avait promis de l'épouser dans un an et de lui offrir son royaume.

Sur le chemin du retour, les trois frères arrivèrent dans un pays ravagé par la **famine** et la guerre. Le plus jeune prince se présenta devant le roi et lui prêta
son pain, avec lequel le roi put nourrir tout

son royaume.
Ensuite, le prince confia son épée au roi, afin que celui-ci puisse battre l'armée ennemie et rétablir la paix dans son pays.

Cela fait, le prince reprit son pain et son épée, et les trois frères poursuivirent leur voyage.
Ils trouvèrent en chemin encore deux autres pays où régnaient également la guerre et la **famine**. Là encore, le prince prêta aux malheureux rois son pain et
son épée.

Pendant la traversée,
les deux aînés se dirent :
« C'est notre frère
qui a trouvé la source
de l'eau de la vie.
En conséquence,
notre père ne manquera
pas de lui **léguer** le royaume
et nous serons privés de
notre héritage. »

Les deux frères attendirent alors que le plus jeune prince soit profondément endormi pour lui dérober l'eau merveilleuse et remplir son flacon avec de l'eau de mer. »

Lorsque les trois frères arrivèrent au château, le jeune prince s'empressa de porter à son père le flacon qui devait lui rendre la santé. Mais à peine eut-il bu quelques gouttes que son mal augmenta.

Tu as voulu empoisonner notre père !

Les deux frères aînés prétendirent à leur tour avoir trouvé la véritable source de vie et tendirent à leur père un autre flacon.
À peine le roi eut-il trempé ses lèvres dans le second flacon qu'il sentit son mal le quitter et retrouva le corps de sa jeunesse !

Les deux frères **perfides accablèrent** alors leur jeune frère de **railleries** et lui dirent à voix basse :

– Tu as, il est vrai, trouvé la source de l'eau de la vie, mais c'est nous qui allons en tirer profit.
Dans un an, l'un de nous deux ira chercher la belle princesse.

Le vieux roi, **irrité** contre le plus jeune de ses fils, était convaincu que ce dernier avait voulu attenter à ses jours. Il rassembla aussitôt son conseil, qui jugea le coupable.

Il fut décidé qu'un jour où le prince irait à la chasse, le chasseur du roi l'accompagnerait et le tuerait.

Le jour venu, alors que le jeune prince et le chasseur étaient seuls au milieu des bois, le prince, remarquant la tristesse de son compagnon, lui demanda :

– Mon cher chasseur, que se passe-t-il ?

– Je ne puis le dire, et pourtant je le dois, répondit le chasseur.

– Parle sans crainte, reprit le prince, tu peux compter sur mon **indulgence**.

– Hélas ! répondit le chasseur, je dois vous tuer d'un coup de fusil ; c'est le roi qui m'en a donné l'ordre.

Bon chasseur, laisse-moi la vie : je te donnerai mon vêtement royal et tu me céderas en échange ton habit.
J'y consens volontiers, car je n'aurais jamais eu le courage de vous donner la mort.

Après avoir échangé leurs vêtements, le chasseur retourna au château et le prince s'enfonça dans la forêt.

Quelque temps après, on annonça au vieux roi que trois chariots remplis d'or et de pierres précieuses venaient d'arriver à l'adresse de son plus jeune fils.

Par ces présents, les trois rois voulaient le remercier de sa bonté.

À cette nouvelle, le cœur du roi s'attendrit et la pensée lui vint que son fils n'était peut-être point coupable.

Hélas ! Comme
je regrette de l'avoir
fait mettre à mort.

À ces mots, le chasseur prit la parole :

– En ce cas, sire, j'ai bien fait, dit-il, de n'avoir pas eu le courage d'exécuter vos ordres.

Le roi, au comble de la joie, fit savoir dans tout le royaume que son fils pouvait revenir et qu'il serait gracié.

Pendant ce temps, la princesse avait fait construire, en face de son château, un chemin d'or pur et brillant.

Celui qui, au contraire, dirigera son cheval sur le côté ne sera pas le vrai fiancé, et vous ne lui ouvrirez point.

Lorsque l'année approcha de son terme, l'aîné des princes pensa qu'il était temps de se présenter devant la princesse afin d'obtenir sa main et son royaume. Arrivé à cheval face au palais, il aperçut le chemin d'or et se dit :

Il fit donc marcher sa monture sur le côté du chemin.

Mais quand il arriva devant la porte, les gardes lui crièrent :

– Vous n'êtes pas le vrai fiancé, retournez sur vos pas.

Peu après, le deuxième frère partit à son tour. Parvenu devant le chemin d'or, le cavalier se dit :

« Non, ce serait dommage, les sabots de mon cheval pourraient causer des dégâts sur ce beau chemin. »

Comme son frère aîné, il contourna le chemin pavé d'or. Arrivé devant la porte, les gardes lui crièrent :

Vous n'êtes pas le vrai fiancé, retournez sur vos pas.

L'année **révolue**, le plus jeune prince prit la route du palais. Plongé dans ses pensées, il parvint face à la porte sans même avoir aperçu le chemin d'or. Aussitôt, la porte s'ouvrit. La princesse, heureuse de le revoir, le nomma maître de son royaume et le mariage fut célébré avec **magnificence**.

Le jeune prince apprit que son père avait été **détrompé** et qu'il lui avait pardonné.

Il s'empressa de se rendre auprès du roi, et lui raconta comment ses frères avaient abusé de sa confiance et à quelle condition ils lui avaient recommandé de ne point dévoiler leur **perfidie**.

Le roi allait leur **infliger** le **châtiment** qu'ils méritaient, lorsqu'il apprit qu'ils avaient embarqué sur un navire.

On n'entendit plus jamais parler d'eux !

# Lexique

## A

**accabler**
charger.

**avisé**
prudent et réfléchi.

**avorton**
homme chétif,
parfois monstrueux.

## C

**châtiment**
punition.

**chevaucher**
être à cheval.

## D

**détromper**
Tirer quelqu'un de l'erreur.

## F

**famine**
manque important
de nourriture.

## G

**gond**
pièce métallique qui sert
à la rotation d'une porte.

**gorge**
vallée creusée dans
des roches dures.

## I

**indulgence**
facilité à pardonner.

**infliger**
appliquer une peine
à quelqu'un.

**insolent**
qui manifeste un manque
de respect.

**irriter**
mettre quelqu'un en colère.

# Lexique

## L

**léguer**
donner ou transmettre un héritage.

## M

**magnificence**
caractère de ce qui est magnifique, somptueux.

**mettre en déroute**
mettre en défaite.

## O

**orgueilleux**
arrogant et prétentieux.

## P

**perfide**
qui se cache sous des apparences aimables avec l'intention de faire du mal.

## R

**railleries**
moqueries.

**recouvrer**
retrouver.

**révolu**
fini, écoulé.

## V

**vain (en)**
sans résultat, inutile.

**vertu**
qualité, efficacité.

**voûte**
partie supérieure d'une porte de forme arrondie.

# Questions de compréhension

## As-tu bien compris l'histoire de La Source de l'eau de la vie ?

[réponses page 48]

1. Pourquoi les trois frères partent-ils à la recherche de la source de l'eau de la vie ?

   a. leur père est mourant

   b. il n'y a plus d'eau dans le royaume

   c. cette eau rend immortel celui qui la boit

2. Où se trouve la source ?

   a. au sommet d'une montagne

   b. au fond d'une gorge

   c. dans la cour d'un palais enchanté

# Questions de compréhension

3. Avec quel aliment le jeune prince calme-t-il les lions ?

   a. avec de la viande

   b. avec des croquettes

   c. avec du pain

4. Que propose la princesse au jeune prince ?

   a. son royaume et de l'or

   b. son royaume et le mariage

   c. son royaume en échange du sien

# Questions de compréhension

5. Qu'a pris le prince dans la grande salle du château ?

a. une épée et un pain

b. une hache et du vin

c. une lance et un pain

6. Pourquoi les deux frères aînés ont-ils fait croire à leur père que leur jeune frère avait voulu l'empoisonner ?

a. pour qu'il n'hérite pas du royaume

b. pour garder l'eau de la vie pour eux

c. pour vendre l'eau de la vie

# Questions de compréhension

7. Qui emmène le jeune prince dans la forêt pour le tuer ?

a. le frère aîné

b. le frère cadet

c. le chasseur

8. Pourquoi le jeune prince n'a-t-il pas vu l'or sur le chemin du château ?

a. il est myope

b. il était perdu dans ses pensées

c. il dormait sur son cheval

# Réponses

1 : a.

2 : c.

3 : c.

4 : b.

5 : a.

6 : a.

7 : c.

8 : b.

**Crédits illustrations**



Achevé d'imprimer par Rotolito Romania S.A (Roumanie)
Dépôt légal : avril 2022 — 330630/01
N° de projet : 11049679 — mars 2022

PAPIER À BASE DE FIBRES CERTIFIÉES

LAROUSSE s'engage pour l'environnement en réduisant l'empreinte carbone de ses livres. Celle de cet exemplaire est de : 400 g éq. $CO_2$
Rendez-vous sur www.larousse-durable.fr